LE VENDEUR

OBLIGÉ DE DONNER

PAR

E. BONNET

PROFESSEUR A LA FACULTÉ DE DROIT
DE L'UNIVERSITÉ DE POITIERS

Extrait des *MÉLANGES GÉRARDIN*

LIBRAIRIE

DE LA SOCIÉTÉ DU RECUEIL **J.-B. SIREY** & DU JOURNAL DU PALAIS

Ancienne Maison L. LAROSE et FORCEL

22, *rue Soufflot, PARIS,* 5e *arrdt*

L. LAROSE & L. TENIN, Directeurs

—

1907

LE VENDEUR

OBLIGÉ DE DONNER

A une époque incertaine, mais ancienne, bien antérieure à l'Empire, la vente, chez les Romains, est devenue un contrat, un contrat consensuel, engendrant des obligations réciproques. Le vendeur doit prester, c'est-à-dire procurer, fournir la chose vendue elle-même (*ipsam rem præstare*) [1]. Outre la prestation de la chose, il y a des prestations à l'occasion de la chose (*præstationes ob rem*) [2], à commencer par celle de la garantie (*ut rem habere liceat*) [3].

Le vendeur, obligé de procurer la chose, est-il tenu de la donner (*dare*), c'est-à-dire de la manciper [4], si elle est *mancipi*, d'en faire tradition avec l'intention de transférer la propriété, si elle est *nec mancipi*, de manière que la propriété puisse être transmise à l'acheteur ? Ou bien le vendeur est-il obligé simplement, dans les deux cas, de faire tradition de la chose, de manière à en transmettre la possession, possession *vacua*, vide, vacante, c'est-à-dire exempte de compétition, et à l'abri des effets des interdits possessoires ?

On tient communément que le vendeur n'est pas obligé de

---

(1) L. 11, § 2, D., *de act. empti*, XIX, 1.

(2) L. 31, § 4, D., *de donat. inter virum et ux.*, XXIV, 1.

(3) L. 30, § 1, D., *de act. empti*, XIX, 1, par exemple.

(4) Il est entendu que l'*in jure cessio* équivaudrait à la mancipation, suivant une règle générale (Gaius, II, 23).

donner; qu'il est obligé simplement de transférer la possession. On fait, d'ailleurs, certaines réserves.

Nous pensons, au contraire, que le vendeur est obligé de
donner, en un sens de l'expression. C'est cette doctrine que
nous nous proposons d'établir dans ces quelques pages.

Il n'est pas possible de soutenir que le vendeur est obligé
de transférer la propriété. Cette thèse se heurterait à des textes bien connus, qui paraissent décisifs.

Nous en rappellerons un seul. On lit dans la loi 25, §1, D.
de contrah. emptione, XVIII, 1 « qui vendidit necesse non habet
fundum emptoris facere, ut cogitur qui fundum stipulanti
spopondit ». Ainsi, tandis que le promettant d'un fonds doit
en rendre le stipulant propriétaire, le vendeur d'un fonds,
lui, n'est pas obligé de rendre l'acheteur propriétaire.

Ce texte suppose la vente d'un fonds. Mais c'est pur acci-
dent. La solution serait la même s'il s'agissait d'un édifice,
ou d'une chose mobilière. On n'aperçoit aucune raison de
distinguer. D'autres textes sont absolument généraux [1].

De l'ensemble de ces textes, il semble bien résulter d'une
manière invincible, que la vente n'oblige pas le vendeur à
transférer la propriété.

Ne l'oblige-t-elle donc qu'à transférer la possession? C'est,
avons-nous dit, l'opinion générale. On avoue sans difficulté
que le but de la vente est de permettre à l'acheteur de dis-
poser de la chose, de le rendre propriétaire [2]. Mais, par ce
qui a tout l'air d'une inconséquence [3], on maintient que le
vendeur ne doit que la possession, sauf à atténuer cette formule.

Cette opinion se heurte, selon nous, à des difficultés insur-
montables.

C'est, d'abord, une difficulté historique. On convient que la

---

(1) On cite surtout la L. 1, pr., D., *de rerum permut.*, XIX, 4, et la L. 30,
§ 1, D., *de act. empti*, XIX, 1.

(2) Girard, *Manuel élémentaire de droit romain*, 4e éd., p. 547.

(3) Ou d'une anomalie : Petit, *Traité élémentaire de droit romain*, 5e éd.,
n° 362.

vente primitive consistait dans la mancipation, acte juridique
destiné alors à réaliser une double transmission de propriété : propriété de la chose vendue, et propriété du prix.
Dans la vente primitive donc, c'était la propriété de la chose
vendue qui était en jeu, et non pas la simple possession de
cette chose. Dès lors, comment admettre que, dans la vente
des temps postérieurs, dans la vente contractuelle, il n'ait
plus été question que de la simple possession?

Ce changement n'a pas été sans inquiéter les auteurs. Ils
ont senti le besoin de l'expliquer. Leurs explications ne man-
quent pas d'ingéniosité. Mais, il est permis d'estimer qu'elles
ne sont pas suffisantes.

En dispensant le vendeur de donner la chose vendue, en
lui imposant simplement l'obligation de transférer la possession, les jurisconsultes se seraient proposé d'élargir le domaine
de la vente, quant aux personnes et quant aux choses. Ils
auraient voulu rendre la vente accessible aux étrangers, les-
quels, assure-t-on, ne pouvaient prétendre à la propriété,
d'après le droit romain, et étaient, par conséquent, inca-
pables de l'acquérir et de la transférer. Ils auraient voulu
aussi rendre la vente possible pour les choses insusceptibles
de propriété, telles que les fonds provinciaux.

Un auteur a cru pouvoir traiter cette explication de « para-
doxe ingénieux », mais en prenant soin, cependant, de la
réfuter. Si son appréciation paraît un peu libre, ses raisons
semblent bonnes. Nous nous bornerons à y renvoyer le lec-
teur, la place nous étant mesurée[1].

En décidant que le vendeur ne sera pas tenu de donner, les
prudents auraient voulu encore « soustraire le vendeur à une
preuve de sa propriété, qui serait souvent difficile et compli-
quée, afin de ne pas permettre à l'acheteur de le tourmenter
à raison de troubles hypothétiques[2].

Mais pourquoi des ménagements particuliers pour le ven-

---

(1) Accarias, *Précis de droit romain*, 4ᵉ éd., p. 300, n. 2.
(2) Girard, *op. cit.*, p. 548.

deur? On ne voit aucune raison de faire une exception en sa faveur. Logiquement, il aurait fallu décréter l'abolition de l'obligation de donner d'une manière générale. En quoi le vendeur sera-t-il moins exposé à être tourmenté par l'acheteur, parce qu'il ne sera pas obligé de donner? La tradition faite, que le vendeur ait été obligé de donner ou non, si l'acheteur n'a pas de doutes sur la propriété du vendeur, il le laissera tranquille; si, au contraire, il a des doutes, dans un cas comme dans l'autre, il sera porté à s'inquiéter, à s'agiter et à réclamer.

La conclusion, c'est que, en dépit de tous les efforts, le divorce prétendu entre la vente contractuelle et la vente ancienne, quant à la transmission de la propriété par le vendeur, est un fait historique qui demeure inexpliqué.

Les textes, à leur tour, sont une autre source de difficultés. Ils paraissent bien impliquer, en effet, que le vendeur est obligé de donner.

D'abord, ils sont unanimes à présenter l'acheteur comme devenu propriétaire après l'exécution de la vente, à moins, bien entendu, que le vendeur ne l'ait pas été auparavant. Faut-il donc supposer que le vendeur avait l'habitude de faire plus qu'il ne devait, de donner quand il pouvait se borner à livrer la possession? Ce beau zèle n'est guère vraisemblable.

Les textes présentent la tradition qui suit la vente comme faite en vertu d'une juste cause, c'est-à-dire, comme impliquant chez le vendeur la volonté d'aliéner, et, chez l'acheteur, celle d'acquérir [1]. L'un d'eux même fait de la vente une juste cause très énergique. La tradition intervenant à raison d'une vente est translative de propriété, bien que l'acheteur ait cru que le vendeur n'était pas propriétaire. L'acheteur alors n'a guère pu avoir l'intention d'acquérir. On la lui prête [2].

---

(1) *Institutes*, §§ 40 et 41, *de divisione rerum*, II, 1.

(2) L. 9, § 4, D. *de juris et facti ign.*, XXII, 6. — On a pensé que ce texte, qui ne cadre pas très bien avec la tradition, a été écrit en vue de la

Est-ce donc que le vendeur, bien que non obligé de transférer la propriété, fait gracieusement tradition avec l'intention de la transférer? Ce n'est pas supposable.

Si la chose vendue est *res mancipi*, les textes présentent la mancipation comme intervenant dans la pratique. C'est, d'abord, un passage de Pline l'Ancien. Après avoir rappelé qu'autrefois on pesait le métal employé dans la vente, l'auteur ajoute : « qua consuetudine, in his emptionibus quæ mancipii sunt, etiam nunc libra interponitur [1] ». Ce sont ensuite les triptyques de Transylvanie, qui, nous ayant conservé quatre actes de vente de choses *mancipi*, relatent chaque fois que la mancipation a été faite (*emit mancipio que accepit*)[2].

Ainsi, quand il s'agit d'une *res mancipi*, la mancipation intervient en fait. La mancipation est-elle donc un simple usage, auquel le vendeur se prête par pure complaisance? Ce serait bien surprenant.

Des textes vont plus loin. D'après eux, la mancipation, si la chose est *mancipi*, la tradition avec intention de transférer la propriété, si la chose est *nec mancipi*, sont obligatoires pour le vendeur.

Voici un passage de Paul : « venditor cogi potest ut tradat aut mancipet[3] ». Ce texte est déjà probant, surtout pour la mancipation. Le § 131 du Commentaire IV de Gaius, qui, d'ailleurs, ne concerne que la mancipation, est plus probant encore, parce qu'il est plus sûr. Ce texte, parlant de l'acheteur d'un fonds *mancipi*, suppose, avec évidence, qu'il a le

---

mancipation. Mais cette supposition n'est pas nécessaire. Elle n'est pas non plus vraisemblable : avec la mancipation, il n'y aurait pas eu de question.

[1] Pline, *Hist. nat.*, XXIII, 3.

[2] Girard, *Textes*, 3e éd., p. 806 et s. — Sans doute, dans la L. 13, § 3, D. *de jurej.*, XII, 2, il y avait primitivement « vendidisse et mancipavisse »; la mancipation était un premier acte d'exécution de la vente; alors, le texte pouvait parler des autres (*cætera*). Dans son état actuel, *cætera* est inexplicable.

[3] *Sentences*, I, 13 *a*, § 1.

droit d'exercer l'action *empti* pour en obtenir la mancipation.
Si l'action *empti* peut être exercée pour obtenir la mancipation, c'est que la mancipation est due. La conclusion s'impose.
Pour récuser ce texte, il faut sous-entendre qu'un pacte de
mancipation a été joint à la vente. Mais c'est là un procédé
arbitraire, et par trop commode, de s'en débarrasser. Nous
noterons plus loin, au surplus, qu'un semblable pacte n'était
pas admis par tous les jurisconsultes.

Donc la mancipation, si la chose est *mancipi*, la tradition
avec intention de transférer la propriété, si la chose est *nec
mancipi*, sont obligatoires. S'il en est ainsi, que devient l'idée
que le vendeur n'est pas tenu de donner la chose vendue?

Les interprètes ont dû s'ingénier à expliquer comment les
textes paraissent imposer au vendeur l'obligation de donner,
alors que, d'après eux, il n'a que celle de livrer la possession.
Ils se sont vus dans la nécessité d'atténuer leur exclusion de
toute obligation du vendeur en ce qui touche la propriété,
de ne plus s'en tenir à la seule possession.

Voici leur explication. Le vendeur, dans le cas où il est propriétaire, et, plus généralement, dans le cas où la translation
de propriété est possible — c'est le cas ordinaire — doit
transférer la propriété. Si la chose est *nec mancipi*, cette obligation est comprise dans celle de livrer la possession. Si la
chose est *mancipi*, elle est comprise dans une obligation qui
naît à l'occasion de la chose, « purgari dolo malo » être
exempt de dol [1]. Il y aurait dol de la part du vendeur à se
contenter de faire tradition, de manière à ne transférer que
la propriété bonitaire, et à retenir le *dominium ex jure Qui-
ritium* [2].

On a, d'ailleurs, simplifié l'explication, en se contentant,
pour les *res mancipi*, de la même idée que pour les *res nec
mancipi*. L'obligation de livrer la possession « implique que,
si le vendeur n'est pas astreint à donner plus de droits qu'il

---

(1) **L.** 1, pr. D. *de rerum permut.*, XIX, 4.
(2) Accarias, *op. cit.*, 4º éd., nº 610 et les notes.

n'en a lui-même, il doit, au moins, se dépouiller au profit de l'acheteur de tous ceux qu'il a [1] ».

Nous ne pouvons comprendre comment l'obligation de transférer la propriété peut être comprise dans celle de transmettre la possession. La propriété et la possession sont choses très différentes. Un texte va jusqu'à dire qu'elles n'ont rien de commun [2]. Nous verrons plus loin qu'on avait soin de stipuler cumulativement la dation d'une chose et la tradition de la possession de cette chose, et que l'acheteur lui-même n'agissait pas autrement. Nous ne pouvons comprendre non plus comment l'obligation de transférer la propriété, tantôt est comprise dans celle de transférer la possession, et tantôt demeure en dehors.

Il paraît bizarre que, en cas de *res mancipi*, le droit romain se soit refusé à imposer directement au vendeur l'obligation de transférer la propriété, pour la lui imposer indirectement. Il est inélégant aussi qu'une prestation simplement due à l'occasion de la chose ait pu influer sur la prestation de la chose elle-même.

L'obligation de transférer la propriété, même dans certains cas seulement, heurte les textes qui proclament ou impliquent, sans faire aucune distinction, que le vendeur n'est pas tenu de la transférer.

Enfin la distinction proposée est condamnée par la L. 35, § 4, D. *de contrah. emptione*, XVIII, 1. Il résulte de ce texte que, si la chose vendue a été volée avant la tradition, le vendeur propriétaire et le vendeur non propriétaire sont traités de la même manière quant au fond. Il n'y a entre eux qu'une différence de forme. Le premier doit céder l'action en revendication; le second, étant dans l'impossibilité de la céder, doit indemniser l'acheteur.

Il est un texte encore plus embarrassant, à notre avis, que ceux qui paraissent obliger le vendeur à donner. C'est la L. 80,

---

(1) Girard, *op. cit.*, p. 530.

(2) L. 12, pr. D. *de adq. vel am. poss.*, XLI, 1.

§ 3, D. *de contrah. empt.*, XVIII, 1, ainsi conçue : « Nemo potest videri eam rem vendidisse, de cujus dominio id agitur, ne
ad emptorem transeat, sed hoc aut locatio est aut aliud genus
contractus ». Ce texte établit absolument que la vente implique, comme un caractère nécessaire, l'intention chez les parties que la propriété soit transférée. Cette intention est de la
nature de la vente ou plutôt de son essence. S'il en est ainsi,
comment admettre qu'elle soit de nulle conséquence quant
aux effets de la vente ? Comment admettre que le vendeur ne
soit tenu à rien pour la réaliser ? Un pareil désaccord entre
la nature du contrat et les obligations du vendeur est vrai-
ment extraordinaire.

A notre connaissance, il n'a rien été répondu.

La conclusion s'impose : la théorie qui consiste à dispen-
ser le vendeur de donner, pour ne lui imposer que la tradition de la possession, se heurte quoi qu'on fasse aux précé-
dents historiques et aux textes. Il est permis de croire,
quelque surprenant que cela puisse paraître pour un contrat
aussi connu que la vente, que la véritable formule des obligations du vendeur, quant à la prestation de la chose elle-
même, n'a pas encore été rencontrée.

Est-il donc impossible de la trouver ? Nous ne le croyons
pas. Nous pensons, au contraire, qu'elle est contenue dans
un texte du Digeste, qui apparemment n'a pas attiré suffi-
samment l'attention des interprètes, et d'où elle peut être
dégagée d'une manière sûre.

Ce texte, c'est la loi 4 pr., *De usuris*, XXII, 1. « Si stipulatus sis rem dari vacuamque possessionem tradi, fructus postea captos actione incerti ex stipulatu, propter inferiora verba,
consecuturum te ratio suadet. An idem de partu ancillæ res-
ponderi possit considerandum est. Nam quod ad verba supe-
riora pertinet, sive factum rei promittendi, sive effectum per
traditionem dominii transferendi continent, partus non continetur. Verum, si emptor a venditore, novandi animo, ita stipulatus est, factum tradendi stipulatus intellegitur, quia non est
verisimile plus venditorem promisisse, quum judicio empti

præstare compelleretur. Sed tamen, propter illa verba « vacuamque possessionem tradi », potest dici partus quoque rationem
committi incerti stipulatione : etenim, ancilla tradita, partum
postea editum in bonis suis reus stipulandi habere potuisset ».

Pour mettre en relief la valeur de ce texte, il convient de
l'expliquer dans son ensemble. D'après son inscription, il est
tiré du livre 27 des Questions de Papinien, dans lequel le
jurisconsulte examinait différentes stipulations, qui lui avaient
paru intéressantes à étudier[1]. Il examinait, entre autres, la
stipulation « rem dari vacuamque possessionem tradi » :
quelqu'un a stipulé qu'on lui donnerait une chose, et qu'on
lui ferait tradition de la possession vacante.

En pareil cas, il n'y a qu'une seule stipulation, d'après
l'ensemble du texte, peut-être parce que la dation et la tradition s'appliquent à un seul et même objet; peut-être parce
que la pluralité d'objets n'entraîne pas toujours la pluralité
de stipulations [2]. Cette stipulation unique a évidemment un
objet incertain, à cause de la possession, et, par conséquent,
est elle-même incertaine, idée d'ailleurs exprimée par le
texte : *incerti stipulatione*. L'exécution de la stipulation peut
être réclamée par une action incertaine, que le texte appelle
actio incerti ex stipulatu, et qui paraît être l'action dont la
formule est donnée par Gaïus IV, § 136.

Étant donnée la stipulation « rem dari vacuamque possessionem tradi », une question se pose : le stipulant, poursui-
vant le promettant en justice, obtiendra-t-il les fruits perçus
par le promettant postérieurement au contrat[3]? La raison
le conseille, dit Papinien. Non pas à cause des premiers mots
de la stipulation « rem dari », qui sont indifférents : quand
on stipule une chose dont on n'a pas été propriétaire, on n'a
pas droit aux fruits[4]; mais à cause des derniers mots de la

---

(1) *Palingenesia*, I, p. 866.

(2) L. 29, pr. D. *de verb. oblig.*, XLV, 1.

(3) Pour les fruits perçus antérieurement au contrat, il n'y a pas de question ; le stipulant ne les obtiendra pas. L. 78, § 1, D. *de verb. obl.*, XLV, 1.

(4) L. 38, § 7, D. *de usuris*, XXII, 1.

stipulation, « vacuamque possessionem tradi ». Le motif n'est pas indiqué. Il paraît analogue à celui qui est invoqué par le jurisconsulte dans une question analogue, traitée dans la suite du texte. Alors, le voici. Si la tradition avait eu lieu tout de suite, le stipulant aurait bénéficié des fruits; il en serait devenu propriétaire, soit comme propriétaire de la chose, soit du moins comme possesseur de bonne foi, en faisant abstraction du cas extraordinaire où le promettant n'aurait pas été propriétaire, et où le stipulant l'aurait su. Il est donc juste que le stipulant obtienne les fruits. Pour lui permettre de les obtenir, on les regarde comme compris dans la stipulation[1]. Les fruits, en effet, ne sauraient être obtenus *ex officio;* cela est possible dans les actions de bonne foi, où l'*officium judicis* est libre; cela est impossible dans les actions de droit strict[2].

Papinien, après la question des fruits, pose celle du partus, c'est-à-dire de l'enfant de la femme esclave, lequel, on le sait, n'était pas rangé parmi les fruits. Le partus pourra-t-il être obtenu, lui aussi, par le stipulant, à cause des dernières paroles de la stipulation?

Avant de résoudre la question, le jurisconsulte explique que le partus n'est pas compris (*non continetur*) dans les premières paroles de la stipulation (*rem dari*). Sans doute, dit-il, il y a deux façons d'entendre « rem dari », soit en général, soit dans la stipulation proposée, en particulier. Ces mots peuvent désigner un simple fait à accomplir par le promettant, le fait d'opérer la tradition, *factum tradendi*, comme l'implique le passage envisagé, comme le dira le passage suivant. Mais ces mots peuvent aussi désigner le fait de la tradition suivi d'effet, suivi de la translation de propriété : le texte dit moins clairement, que ces mots peuvent désigner aussi l'effet consistant à transférer la propriété par la tradi-

(1) L. 52, § 1, D. *de verb. oblig.*, XLV, 1.

(2) La solution de Papinien quant aux fruits n'était pas celle de Pomponius, comme on le voit par la L. 3, § 1, D. *de act. empti*, XIX, 1. Mais Ulpien était de l'avis de Papinien. Arg. de la L. 52 citée à la n. 1.

tion (*effectum per traditionem dominii transferendi*). Il identifie le fait susceptible de transférer la propriété avec la tradition. C'est évidemment le résultat d'une interpolation. Papinien devait parler de la mancipation, puisqu'il s'agit de la *datio* d'une femme esclave, chose *mancipi*.

Nous retiendrons ces deux sens possibles du mot *dare*. Mais leur existence est sans intérêt pour la question à résoudre quant au partus. Que l'on entende *dare* dans un sens ou dans l'autre, dit Papinien, le partus n'est pas compris dans la *datio* à accomplir.

Il continue par une réflexion incidente, renfermée dans la phrase *Verum si*, etc..... Nous la rejetterons à la fin, dans l'intérêt de la clarté, et aussi parce que c'est la partie du texte essentielle pour notre thèse : le vendeur obligé de donner.

Après la réflexion incidente que nous venons de réserver, le jurisconsulte revient à sa question quant au *partus* : est-il, comme les fruits, compris dans la stipulation, à cause des mots « vacuamque possessionem tradi » ? Il se prononce pour l'affirmative, mais timidement : *potest dici*, lisons-nous dans le texte. Où donc est la différence avec les fruits? La voici : la tradition, qui, en mettant le stipulant en possession, lui eût permis de devenir propriétaire des fruits, ne lui eût pas permis de devenir propriétaire du *partus*, parce que celui-ci n'est pas rangé parmi les fruits. Mais le jurisconsulte passe outre. Peu importe que le stipulant ne fût pas devenu propriétaire du *partus*, toujours est-il que la tradition lui eût permis d'avoir le *partus* dans ses biens (*in bonis suis habere*). Cette circonstance suffit à lui donner le droit de l'obtenir[1]. Avoir dans ses biens a, ici, le sens de posséder de bonne foi[2].

Revenons maintenant à la réflexion incidente qui a été réservée.

---

(1) En ce sens, Ulpien, L. 52, § 1, D., *de verb. oblig.*, XLV, 1.
(2) L. 49, D., *de verb. signif.*, L. 16.

Le texte suppose que c'est un acheteur, qui a stipulé de son vendeur « rem dari vacuamque possessionem tradi ». Il ajoute que c'est avec l'intention de nover. De nover quelle obligation? Évidemment il s'agit des obligations du vendeur quant à la prestation de la chose elle-même. On voit généralement là une interpolation, comme dans les autres textes du Digeste où la mention de l'*animus novandi* se rencontre. Nous serions porté à faire des réserves sur cette généralisation. Mais il nous paraît certain, qu'ici, la mention de l'*animus novandi* est bien le fait des compilateurs du Digeste. Cette addition a eu, dans l'espèce, une portée plus grande qu'à l'ordinaire. Elle n'a pas eu simplement pour effet de préciser la pensée de Papinien. Elle l'a complètement changée. Papinien ne supposait pas de novation. Dans sa pensée, l'obligation dérivant de la stipulation se superposait à celle de la vente[1]. C'est ce qui sera démontré un peu plus loin.

Les compilateurs, eux, ont introduit l'idée de la novation dans le cas envisagé[2].

Quoi qu'il en soit de la question de novation, le texte est très net, et absolument affirmatif sur le point suivant : quand l'acheteur stipule « rem dari », il est considéré comme stipulant un simple fait, le fait du vendeur d'accomplir un acte susceptible de transférer la propriété, et non pas ce fait suivi d'effet, c'est-à-dire suivi de la translation de la propriété. Nous disons : fait susceptible de transférer la propriété; le texte dit : fait d'opérer la tradition (*factum tradendi*). Il y a là une interpolation évidente. Si le jurisconsulte a songé à la vente, en général, la mancipation devait être nommée à côté de la tradition, afin de prévoir à la fois les deux cas de *res mancipi* et de *res nec mancipi*. Si, au contraire, le jurisconsulte n'a songé qu'à la vente d'une femme esclave, à cause de la question spéciale qu'il a entrepris de résoudre, la man-

---

(1) Comme cela a lieu en cas de stipulation de garantie.

(2) Ils ont poursuivi leur idée dans le § 1, qui pourrait bien être tout entier de leur invention.

cipation seule devait être nommée, la femme esclave étant *res mancipi*. On peut hésiter sur sa pensée exacte. Pensée et langage n'ont qu'un intérêt secondaire.

Au contraire, après avoir appris, par ce qui précède, que donner (*dare*) est susceptible de deux sens, il est très intéressant d'apprendre maintenant que l'acheteur, qui stipule « rem dari », est considéré comme stipulant le simple fait du vendeur et non point ce fait suivi d'effet, suivi de la transmission de la propriété. Mais il est encore plus intéressant de lire le motif de cette interprétation de la stipulation. Ce motif, en effet, nous révèle l'obligation de donner du vendeur.

Pourquoi donc interpréter, en cas de vente, la stipulation « rem dari » comme la stipulation du simple fait du promettant? Pourquoi ne pas l'entendre plutôt de la stipulation de ce fait suivi d'effet, c'est-à-dire de la transmission de la propriété, ce qui est l'interprétation ordinaire des stipulations de donner? Voici la raison : il n'est pas vraisemblable que le vendeur ait promis plus qu'il ne serait contraint à prester (*præstare*) au moyen de l'action *empti*, « non est verisimile plus venditorem promisisse quam judicio empti præstare compelleretur ».

Remarquons, d'abord, que le texte, étant donnée la manière dont il s'exprime, considère les obligations nées de la vente comme existant encore après la stipulation. En effet, en parlant de la contrainte possible de l'action *empti*, qui sanctionne les obligations nées de la vente au profit de l'acheteur, le texte s'exprime au présent : « compelleretur ». Cette contrainte est donc toujours possible; les obligations auxquelles elle s'applique existent donc toujours. Cette persistance des obligations nées de la vente est en désaccord avec la novation, spécifiée dans le texte. On doit en conclure que l'idée de novation a été introduite par les auteurs du Digeste, que le texte primitif en était exclusif; qu'il a été imparfaitement remanié : après l'introduction de l'idée de novation, le présent, quant à l'action *empti*, aurait dû être remplacé par le passé.

Mais le texte, avons-nous dit, révèle l'obligation de donner du vendeur. En effet, la pensée évidente de Papinien est que l'obligation née des premiers mots de la stipulation « rem dari » a été, dans l'intention du vendeur, qui a joué le rôle de promettant, la répétition, la reproduction pure et simple d'une obligation née de la vente. Or, l'obligation née de la stipulation, c'est, d'après le texte, l'obligation de donner dans un certain sens, dans le sens d'accomplir un simple fait. Il s'ensuit que cette même obligation de donner résultait déjà de la vente.

Le vendeur donc doit donner la chose vendue; il doit la donner en ce sens qu'il doit accomplir quant à elle un acte susceptible de transférer la propriété ; qu'il doit la manciper, ou en faire tradition avec l'intention de transférer la propriété, suivant qu'elle est *mancipi* ou *nec mancipi*. Mais l'obligation du vendeur ne va plus loin : il n'est pas obligé de faire une mancipation ou une tradition ayant pour effet de transférer la propriété[1].

L'obligation de donner du vendeur est, d'ailleurs, complétée par l'obligation secondaire de livrer la possession [2]. Cette seconde obligation est distincte de la première. En cas de *res mancipi*, elle s'exécute aussi d'une manière distincte. Mais, en cas de *res nec mancipi*, une même tradition exécute à la fois les deux obligations. Celles-ci se condensent dans la formule « rem præstare ». C'est à cause de la seconde, que les textes, voulant exprimer à la fois toutes les obligations du vendeur quant à la chose elle-même, disent « præstare » et non pas « dare » : *dare* serait trop étroit. Mais, quand l'acheteur veut stipuler du vendeur la prestation de la chose vendue, il analyse, et emploie la formule « rem dari vacuamque possessionem tradi ».

(1) La vente admettrait-elle un pacte joint venant aggraver l'obligation du vendeur, et lui imposer le transfert de la propriété? Il y a au Digeste deux textes opposés : pour la négative, L. 16, D. *de condictione causa data*, XII, 4, Celsus ; pour l'affirmative, L. 5, § 1, D. *de præscr. verbis*, XIX, 5, Paul.

(2) Textes nombreux. La dualité est bien marquée dans Gaius, IV, 131.

La loi 4, *de usuris*, est le seul texte, à notre connaissance,
qui impose au vendeur l'obligation de donner, et en précise
le sens. Comment n'y en a-t-il pas d'autres? L'explication
est sans doute dans les remaniements que les compilateurs
ont fait subir aux fragments originaux, avec la préoccupation
de faire disparaître les traces de la mancipation[1]. Quoi qu'il
en soit, il n'y a pas à tirer argument de la pauvreté des
sources contre l'obligation de donner du vendeur. La loi 4 est
d'une sûreté absolue. Ce n'est pas un de ces textes qui repo-
sent sur des mots, à propos desquels on peut épiloguer.
C'est un texte qui renferme des idées qui s'enchaînent, qui
s'appellent les unes les autres.

Ce qui achève d'imprimer à l'obligation de donner, telle
qu'elle a été précisée, le caractère de la certitude, c'est,
d'une part, qu'elle est d'accord avec la vente primitive, et
d'autre part, qu'elle permet d'expliquer sans effort les textes
qui embarrassent tant les interprètes.

D'abord, l'obligation de donner du vendeur, loin de heur
ter l'histoire, est en harmonie parfaite avec elle, et s'explique
par elle. La vente primitive était, nous l'avons dit, un fait
juridique destiné à réaliser deux transmissions de propriété
réciproques : transmission de la propriété d'une chose, de
la part du vendeur ; transmission de la propriété d'un prix,
de la part de l'acheteur. Quand l'acte, du côté du vendeur,
avait manqué son effet, parce que le vendeur n'était pas propriétaire, l'acheteur n'avait rien à réclamer présentement. Il
devait attendre. C'était seulement en cas d'éviction, qu'il pouvait exercer l'*actio auctoritatis*, pour obtenir le double du
prix.

Avant de procéder à la vente, les parties se mettaient
d'accord. Voilà cet accord devenu un contrat. A quoi les par-

____

(1) La L. 11, § 2, D. *de act. empti*, XIX, 1, est un texte évidemment
remanié. Il semble que, dans sa teneur primitive, il expliquait que le vendeur doit donner, mais dans un certain sens seulement, réserve à laquelle
répond le mot « tantum ».

ties vont-elles être obligées? Tout naturellement à faire ce qu'elles faisaient autrefois. Le vendeur, qui accomplissait jadis un acte susceptible de transférer la propriété, sera obligé d'accomplir ce même acte. Mais, de même qu'autrefois l'acte accompli ne procurait pas nécessairement la propriété, de même le vendeur ne sera pas tenu d'accomplir un acte qui la transfère effectivement. Il devra un fait, il n'en devra pas l'effet. L'effet, il sera ce qu'il pourra : la propriété sera transmise, si le vendeur est propriétaire ; elle ne le sera pas, s'il ne l'est pas. Et, dans ce second cas, l'acheteur n'aura rien à réclamer tout de suite : il devra, comme autrefois, attendre l'éviction.

L'obligation de donner du vendeur cadre également d'une manière parfaite avec tous les textes embarrassants que nous avons rencontrés.

On comprend que les textes, dans leur ensemble, présentent la propriété comme transférée en exécution de la vente. Le vendeur accomplit la mancipation, ou la tradition avec intention d'aliéner, parce qu'il est obligé de donner, et, comme il est le plus souvent propriétaire, la propriété est le plus souvent transférée.

On comprend que la tradition, faite en vertu d'une vente, soit faite en vertu d'une juste cause. Quand le vendeur livre une *res nec mancipi* dans le droit ancien, une chose quelconque dans le droit de Justinien, il entend exécuter l'obligation de donner dont il est tenu, et l'acheteur entend s'y prêter.

On comprend que le vendeur mancipe la chose, si elle est *mancipi :* il est tenu de la donner, et, pour donner une chose *mancipi*, il faut la manciper.

On comprend que le vendeur soit obligé de manciper : la mancipation est la manière de donner les choses *mancipi*.

On comprend enfin que la vente implique essentiellement chez les parties l'intention que la propriété de la chose vendue soit transférée. Il n'y a plus désaccord entre cette intention et les effets de la vente. Au contraire, l'obligation du vendeur est en harmonie parfaite avec l'intention commune. Le vendeur est obligé de manciper, ou de faire tradition avec l'intention de transférer la propriété, c'est-à-dire de faire tout ce qui est en son pouvoir pour que la commune intention des parties soit réalisée.

Fournie par la loi 4 *de usuris*, en harmonie parfaite avec la vente primitive, expliquée par elle, de nature à rendre compte sans aucun effort de tous les textes qui embarrassent les interprètes, l'obligation de donner du vendeur, telle que nous l'avons dégagée, peut, selon nous, être regardée comme certaine. Elle nous servira de conclusion. Le vendeur est obligé de donner la chose vendue ; l'obligation de mettre l'acheteur en possession est une obligation distincte et secondaire. Le vendeur est obligé de donner la chose vendue, en ce sens qu'il est obligé de la manciper, ou d'en faire tradition avec l'intention d'en transférer la propriété, suivant qu'elle est *mancipi* ou *nec mancipi*, et suivant les époques. Mais le vendeur n'est pas obligé de manciper ou de faire tradition avec effet, c'est-à-dire avec translation de la propriété. Le vendeur doit un fait, il n'en doit pas l'effet, *factum non effectum*.

ÉMILE BONNET,
*Professeur à la Faculté de Droit
de l'Université de Poitiers.*

IMPRIMERIE
CONTANT-LAGUERRE

BAR LE DUC